C. Schuster

Das perspektivische Sehen beim Zeichnen nach der Natur

C. Schuster

Das perspektivische Sehen beim Zeichnen nach der Natur

ISBN/EAN: 9783743363151

Hergestellt in Europa, USA, Kanada, Australien, Japan

Cover: Foto ©Andreas Hilbeck / pixelio.de

Manufactured and distributed by brebook publishing software (www.brebook.com)

C. Schuster

Das perspektivische Sehen beim Zeichnen nach der Natur

Das

perspektivische Sehen

beim

Zeichnen nach der Natur

Von

C. Schuster,

Landschaftsmaler

— · —

Mit 80 Abbildungen und einem Kartonrahmen

Vorwort.

Die vorliegende Schrift beschäftigt sich nicht mit perspektivischen Konstruktionen. Allerdings giebt allein die konstruktive Methode jene völlige Einsicht in das Wesen der Perspektive, welche für den Architekten, den Architekturmaler, den Lehrer der Perspektive unerläßlich, für den Maler mindestens wünschenswert ist; allein sie setzt eine Übung im Projektionszeichnen voraus, welche sich nicht jeder erwerben kann, der das Zeichnen nach der Natur als Nebenfach oder als Liebhaberei betreibt. Hat der Schüler die Konstruktionen nicht völlig klar erfaßt, so vermag er aus ihnen nicht das abzuleiten, was ihm beim Zeichnen nach der Natur zu wissen nötig ist. Eine Methode, welche die Gesetze der Perspektive durch direkte Anschauung statt durch Konstruktion zu erklären versucht, vermag im mündlichen Vortrag eine für viele Zwecke ausreichende Belehrung zu bieten, ist aber einer schriftlichen Darstellung schwer zugänglich. Ein Versuch mit dieser Methode ist in der vorliegenden Abhandlung gemacht; wenn sie auch in vielen Fällen zum Selbstunterricht nicht ausreicht, so wird sie doch den mündlichen Vortrag zu unterstützen vermögen.

Freiburg i. B., im Dezember 1897.

Inhaltsverzeichnis.

Seite

Einleitung 7
Die Bildfläche 8
Sehen mit nur einem Auge 9
Zerrbilder 11
Die Distanz 13
Die Kugel als Bildfläche 15
Das Panorama 17
Der Horizont 17
Der Augenpunkt 18
Die Fluchtpunkte 19
Ebene Flächen 26
Figurenmaßstab 27
Zeichnungen in natürlicher Größe 30
Gerade und schräge Ansicht 30
Einteilungen 33
Gekrümmte Linien 40
Spiegelungen im Wasser 41
Künstlerische Freiheiten 43
Größe der Darstellung 46
Täuschung über die Wirklichkeit 46
Die Parallelprojektion 47

Wer im Kopieren von Zeichenvorlagen einigermaßen geübt ist, wird in der Wiedergabe einer einfachen perspektivischen Zeichnung wie z. B. Fig. 1 keine Schwierigkeiten finden; sowie er aber einen ähnlichen Gegenstand nach der Natur zeichnen will, wird er die Richtung einer Linie wie etwa a b vergeblich zu be= stimmen suchen. Die Linie a b bildet in der Vorlage einen Winkel α mit der oberen Bildkante c d; da nun c d an dem wirklichen Gegenstand nicht zu sehen ist, fehlt ihm die Möglich= keit, den Winkel α, also die Richtung a b anzugeben. Der Zeichner wird diese Richtung schließlich willkürlich annehmen und kann, wenn er die übrigen Linien immer wieder mit a b vergleicht, ein einigermaßen richtiges Bild fertig bringen, auch wenn er die Linie a b etwas steiler oder flacher angenommen hat, als die Vorlage zeigt.

Stellt man eine Glastafel senkrecht vor dem zu zeichnenden Gegenstand auf und zeichnet, ohne das Auge zu bewegen (indem man durch eine feststehende Öse sieht), den Gegenstand nach, so ergiebt sich der Winkel α ganz von selbst; am klarsten wird sich dies zeigen, wenn man die Glastafel so aufstellt, daß ihr oberer Rand ungefähr in die Höhe von c d zu liegen kommt. Dreht man die Glastafel, läßt aber die Öse an ihrem Ort, so ändert sich auch der Winkel α — man kann also bei verschiedenen Stellungen der Tafel verschiedene richtige perspektivische Bilder zeichnen. Der Winkel α ist nicht nur abhängig von dem Gegen= stand und der Lage des Auges, sondern auch von der Lage der Glastafel — der Bildfläche.

Die oft gehörte Redensart: „ich brauche keine Perspektive, ich zeichne so wie ich sehe" besagt eigentlich, „ich nehme eine Bildfläche an, ohne es selbst zu wissen — es ist daher nur Zufall, wenn ich ihre Stellung immer richtig beibehalte."

Fig. 1.

Die Bildfläche. Man kann den oberen Bildrand, die Linie c d, sehr einfach dadurch bestimmen, daß man einen Bleistift oder ein Lineal in entsprechender Höhe horizontal vor sich hinhält und mit einem Auge darunter weg nach dem Gegenstand sieht; die senkrechte Fläche, welche sich durch den Bleistift (das Lineal) legen läßt, ist alsdann die Bildfläche.

Eine bessere Einsicht als das Lineal und weniger Umstände als die Glastafel ergiebt die Anwendung des Kartonrahmens, sog. Motivsuchers, welcher dieser Abhandlung beiliegt. Hält man ihn senkrecht vor sich und sieht durch den Ausschnitt mit einem Auge nach dem Gegenstand, so kann man sich vorstellen, man erblicke nicht die Wirklichkeit selbst, sondern das auf den Karton gemalte Bild des Gegenstandes; der Winkel α läßt sich dann abschätzen wie von einer Vorlage. Sobald sich Auge oder Karton bewegen, ändert sich selbstverständlich auch das Bild, beide müssen daher bei der Beobachtung in der gleichen Lage bleiben.

Unter Bildfläche versteht der Anfänger häufig irrthümlicher= weise die Fläche des Zeichenpapiers, welches er während der Arbeit vor sich hat. Die Bildfläche ist jedoch nur der senkrecht vor ihm stehende Rahmen; von dem Bilde in diesem zeichnet er eine Kopie wie nach einer Vorlage und es ist ganz gleichgültig, wo und wie während der Arbeit sein Zeichenpapier liegt. Bringt man die fertige Zeichnung an die Stelle des Rahmens, so müßten ihre Linien sich mit dem Gegenstand decken, wenn die Zeichnung durchsichtig wäre und die gleiche Größe hätte, wie der Rahmenausschnitt: ist die Zeichnung kleiner, so müßte man sie näher an das Auge, ist sie größer, weiter davon weg, aber parallel mit dem Rahmen aufstellen.

Wir haben für den Gebrauch des Rahmens die senkrechte Sehen mit Aufstellung vorgeschrieben — die Gründe dafür sollen später nur einem Auge. bei der Besprechung der Fluchtpunkte angegeben werden. Wir haben ferner vorgeschrieben, nur mit einem Auge durch den Aus= schnitt zu sehen. Sieht man durch den Rahmen abwechselnd nur mit dem einen und alsdann nur mit dem andern Auge, so wird man sich überzeugen, daß die gesehenen Bilder nicht gleich sind und zwar ist der Unterschied um so größer, je näher der betrachtete Gegenstand liegt. Bringen wir das rechte Auge genau an die Stelle, welche das linke vor dem Rahmen inne= hatte, so sehen wir mit dem rechten Auge das gleiche Bild, welches wir vorher mit dem linken wahrgenommen hatten. Wir sehen mit dem linken Auge von einem anderen Standpunkt aus als mit dem rechten. Das eine Bild, welches wir mit beiden Augen wahrnehmen, besteht also aus 2 verschiedenen Bildern, welche in ein neues, körperhaftes (stereoskopisches) Bild zusammen= geflossen sind; dieses neue Bild ist also von 2 Standpunkten aus gesehen. Bei kleinen, in der Nähe gesehenen Gegenständen ist der Abstand der Standpunkte (die Entfernung der beiden Pupillen von einander) verhältnismäßig groß, bei sehr weit ent= fernten Gegenständen verschwindend klein, daher ist der Unter= schied zwischen dem Bilde im linken und im rechten Auge bei nahen Gegenständen größer als bei entfernten.

Sieht man mit beiden Augen durch den Rahmen, so wird man überhaupt kein deutliches Bild wahrnehmen können. Für ein Auge schneidet der Rahmen das Bild in bestimmter Form ab — mit zwei Augen müssen wir aber die Augenachsen ent= weder nach dem Rahmen oder nach dem Gegenstand richten. Thun wir das erstere und geben auf das dahinter liegende Bild acht, ohne es aber genau zu fixieren, so sehen wir das Bild doppelt, fixieren wir das Bild, so sehen wir den Rahmen doppelt. Leichter als mit dem Rahmen läßt sich diese Wahrnehmung machen, wenn man den senkrecht stehenden Zeigefinger der einen Hand mitten vor das Gesicht hält und den der anderen ebenfalls mitten vor das Gesicht, aber weiter weg: sieht man dann den einen Finger mit beiden Augen an, so gewahrt man den anderen doppelt.

Bilder für beide Augen zeigt das bekannte Stereoskop. Die photographischen Aufnahmen dafür sind von zwei Standpunkten aus aufgenommen, deren Abstand gleich dem Abstand der beiden Pupillen von einander ist. Eine zwischen den Bildern senkrecht stehende Scheidewand bewirkt, daß man mit je einem Auge nur das für dieses bestimmte Bild sehen kann.

Aus dem Gesagten geht wohl zur Genüge hervor, daß alle Bilder, mit Ausnahme der Doppelansichten des Stereoskops, nur für ein Auge berechnet sind.

Es entsteht die Frage: Ist es gleichgültig, wie die senkrechte Zerrbilder. Bildfläche (der Rahmen) aufgestellt wird, wenn nicht, wie soll

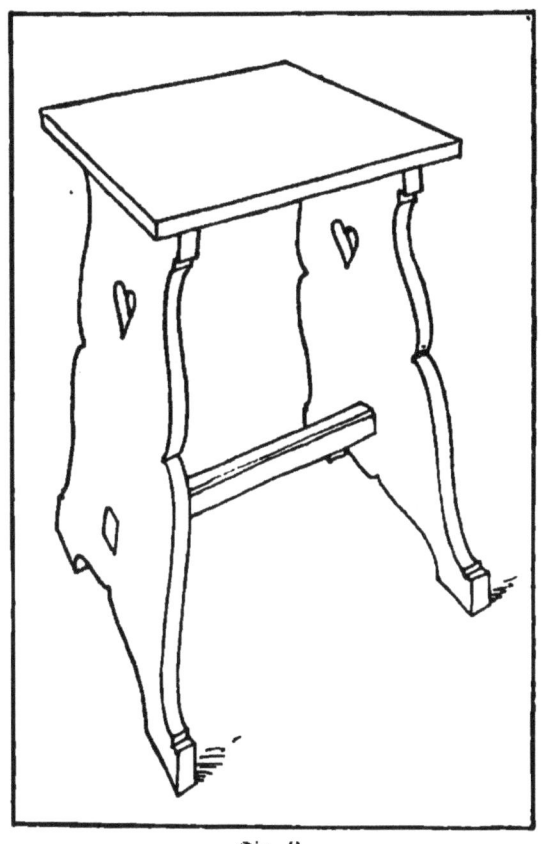

Fig. 2.

sie aufgestellt werden? Nehmen wir an, der Zeichner wolle ein Tischchen zeichnen, welches vor ihm auf dem Boden steht. Er stellt den Rahmen senkrecht vor sich auf, so daß er den Tisch von oben herab übersehen kann und zeichnet möglichst genau das wahrgenommene Bild. Hält er die fertige Arbeit gerade vor sich hin, so wird sie ihm verzeichnet erscheinen (Fig. 2) und wird erst wieder richtig wirken, wenn er in der gleichen Richtung auf sie herunter sieht, wie er vorher auf den Rahmen herunter gesehen hatte. Ein solches fehlerhaftes Bild nennt man ein Zerrbild. Soll eine Zeichnung richtig wirken, so muß auch der

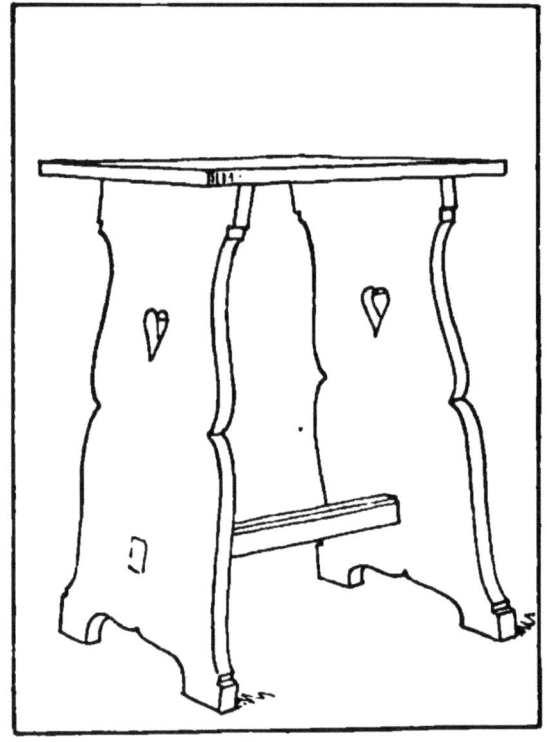

Fig. 3.

Rahmen so aufgestellt werden, wie man ein Bild zum Betrachten vor sich aufstellt, d. h. mitten vor sich hin, so daß man weder seitwärts darauf hin, noch von oben herunter, oder von unten herauf sehen muß; das Auge muß vor dem Rahmen die gleiche Stellung haben, welche es unwillkürlich dem Bilde gegenüber beim Betrachten einnimmt. Man wird dem Tisch gegenüber einen tieferen Standpunkt einnehmen müssen, um ihn durch den richtig gehaltenen Rahmen sehen zu können; das Bild wird dann etwa wie Fig. 3 ausfallen und keine Verzerrung mehr zeigen.

Beim Betrachten eines Bildes kommt nicht allein die Richtung in Betracht, in welcher man auf das Bild sieht, sondern auch die Entfernung des Auges vom Bilde; dieser muß auch beim Zeichnen die Entfernung des Auges von der Bild= fläche, die Distanz, entsprechen. Die Distanz.

Ein normales Auge sieht keinen Gegenstand auf kürzere Entfernung an als auf etwa 24 Centimeter, weil die Sehschärfe

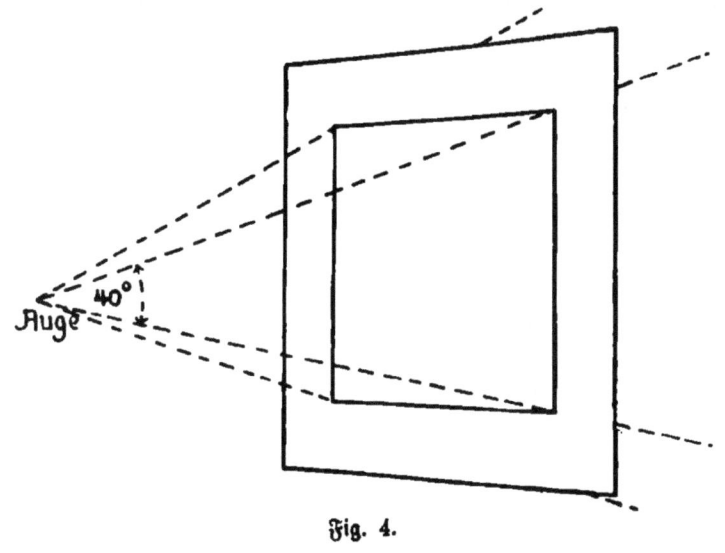

Fig. 4.

alsdann nicht mehr zu=, sondern abnimmt; die Distanz muß daher auch bei dem kleinsten Bilde mindestens 24 Centimeter messen. Im übrigen betrachtet man ein Bild am besten in einer Entfernung, welche etwa 1½ mal so groß ist wie die größere Seite desselben. Diese Entfernung entspricht einem Sehwinkel von 36 bis 40 Grad. Stellen wir den Rahmen vorschrifts=

mäßig auf, so bilden die Sehstrahlen, welche vom Auge nach den Ecken des Ausschnittes gehen, eine liegende Pyramide, deren Grundfläche der Rahmenausschnitt, deren Spitze das Auge und deren Höhe ungefähr gleich dem anderthalbfachen der größeren Seite des Ausschnittes ist. Nur was innerhalb dieser Seh=strahlenpyramide sichtbar ist, läßt sich ohne Verzerrung abbilden.

In den seltensten Fällen wird man die Zeichnung genau in der Größe des Rahmenausschnittes herstellen. Macht man sie 3 mal so lang und breit als dieser, so wird auch die Distanz für die Zeichnung 3 mal so groß als die Entfernung des Auges vom Rahmen, denn stellt man einen 3 mal so großen Rahmen in 3 facher Entfernung parallel mit dem kleinen Rahmen auf, so werden sich die Ränder der beiden Ausschnitte für das Auge decken, und man wird den Gegenstand durch beide Rahmen genau gleich sehen. Bei einem kleinen Rahmen kann die Distanz für diesen selbst kleiner sein als 24 Centimeter, sofern man die Zeichnung entsprechend groß macht. Der beiliegende Rahmen mißt 7 1/2 auf 10 Centimeter, die entsprechende Distanz beträgt somit 15 Centi=meter; machen wir die Zeichnung 3 mal so groß, so erhalten wir für sie eine Distanz von 45 Centimeter.

Sehr häufig wird man die Distanz gerne kleiner nehmen als angegeben, weil man alsdann mehr Gegenstände sieht; be=findet sich aber später beim Betrachten des Bildes das Auge viel weiter weg als die entsprechende Distanz beträgt, so wirkt die Zeichnung als Zerrbild. Architektonische Formen im Vorder=grund wirken dabei viel störender als freies Terrain, Bäume u. s. w. Zerrbilder infolge zu kleiner Distanz sieht man häufig an Photographieen von Innenräumen — bringt man sie sehr nahe an das Auge, so wirken sie durchaus richtig. Will man einen Innenraum darstellen, so kann man von demselben nur so viel unverzerrt zeichnen, als man durch den vorschriftsmäßig auf=gestellten Rahmen sieht. In kleinen Räumen ist es sehr oft nicht möglich, den Standpunkt einzunehmen, von welchem aus sich alle gewünschten Gegenstände richtig überblicken lassen; man muß sich in diesem Falle mit einem Teil derselben begnügen. Will man den Standpunkt ermitteln, von welchem aus man möglichst viel sieht, ohne daß eine Verzerrung auf dem Bilde eintritt, so halte man den Rahmen senkrecht vor sich, anderthalb= mal so weit vom Auge, als die größte Seite des Ausschnittes lang ist und bewege sich, ohne die Lage des Auges zum Rahmen zu ändern, so lange vor dem Gegenstand vor= oder rückwärts oder nach der Seite, bis die darzustellenden Gegenstände den Ausschnitt in der gewünschten Weise ausfüllen. Entspricht das Format des Rahmens nicht dem Format des zu zeichnenden Bildes, so läßt sich durch teilweises Bedecken des Ausschnittes mit einem Stück Papier das entsprechende Verhältnis der Breite zur Höhe leicht herstellen.

Nimmt man die Distanz zu groß, so sieht man von den Gegenständen nur einen kleinen Teil, auch werden die schrägen Linien sehr flach, die Zeichnung wird jedoch nicht unkorrekt. Die anderthalbfache Länge der größten Bildseite ist das Mindestmaß für die Distanz — es ist lediglich eine Frage des Geschmackes, wie weit man über dasselbe hinausgehen soll, wenn man in der Wahl des Standpunktes nicht beengt ist.

Wir haben gezeigt, daß sich nur diejenigen Dinge ohne Ver= zerrung abbilden lassen, welche man durch den vorschriftsmäßig aufgestellten Rahmen sehen kann. Wir werden bei der Lehre von dem Horizont einige Fälle anführen, in welchen sich auch der Fachmann über diese Vorschrift hinwegsetzt, allein dies sind nur Ausnahmen; die Vorschrift enthält eine große Beschränkung der Darstellungsfähigkeit, welche jedoch nicht bedingt ist durch die Gesetze des perspektivischen Sehens, sondern durch die An= nahme einer ebenen Fläche als Bildfläche statt einer Kugel.

Auf dem Plane in Fig. 5 ist eine ebene und eine kreis= förmige Bildfläche dargestellt; das Auge befindet sich im Mittel= punkt des Kreises. Die Winkel zwischen den eingezeichneten Sehstrahlen sind alle gleich groß, wir werden also durch jeden dieser Sehwinkel gleich viel von der Außenwelt sehen. Auf dem

Kreise bilden sich diese Aussichten alle gleich groß ab, während sie auf der geraden Fläche ungleiche Größe haben, sich um so größer darstellen, je schräger die Sehstrahlen auf die Bildfläche fallen. Wir erhalten also auf der ebenen Fläche ungleich große Bilder von in Wirklichkeit gleich großen Dingen. Steht das Auge an der richtigen Stelle, so erscheinen uns die gleichen Gegenstände auf dem Bilde gleich groß, weil die kleineren Abbildungen entsprechend näher bei dem Auge liegen als die größeren; bewegt sich aber das Auge nur wenig seitwärts, so hört diese Übereinstimmung auf.

Wir können von den Sehstrahlen nur jene gebrauchen, welche am wenigsten schräg auf die ebene Bildfläche fallen, also

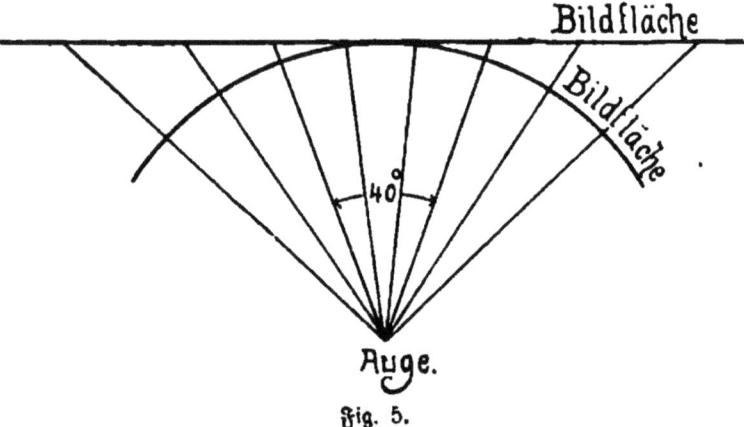

Fig. 5.

Abbildungen liefern, die von denen auf der kreisförmig gebogenen Fläche nicht allzusehr an Größe verschieden sind; die äußersten dieser noch verwendbaren Sehstrahlen bilden einen Winkel von 36 bis 40 Grad, was einer Mindestdistanz gleich der anderthalbfachen Bildlänge entspricht.

Was hier in horizontaler Richtung dargestellt ist, gilt auch in vertikaler. Krümmen wir die Bildfläche nicht nur nach links und rechts, sondern auch nach oben und unten zu einem Kreis, so erhalten wir eine Kugel, deren Mittelpunkt das Auge ist; in dieser können wir ohne Verzerrung alles abbilden, was wir sehen — über und unter, vor und hinter uns. Ein kleiner Abschnitt der Kugel ist verhältnismäßig flach, unterscheidet sich nicht allzusehr von einer ebenen Fläche; diese vermag daher ein kleines Stück der Kugel zu ersetzen, ein Stück, welches durch einen Sehwinkel von etwa 40 Grad abgegrenzt wird. Es ist ohne weiteres einzusehen, daß die Innenfläche einer Kugel in praktischer Beziehung als Bildfläche nicht verwendbar ist, allein auch Ausschnitte aus einer Kugelfläche sind nicht zu gebrauchen, weil sie sich sehr schwer gleichmäßig beleuchten lassen und alle geraden Linien auf der Bildfläche Teile von Kreisen sind, welche sich nur gerade darstellen, wenn das Auge sich genau im Mittelpunkt der Kugel befindet. Die ebene Fläche hat den großen Vorzug, daß sie handlicher, leichter herzustellen und zu beleuchten ist und sich alle geraden Linien auf ihr wieder als Gerade abbilden.

Eine gekrümmte Bildfläche wird beim Panorama verwendet. Die bemalte Fläche ist zwar keine Kugel, sondern ein verhältnismäßig niederer Cylinder, welcher einem Kugelgürtel nahe kommt. Das Auge befindet sich etwa in der halben Höhe des Cylinders. Da wo die Abweichung der Cylinderform von der Kugel anfangen würde auffällig zu werden, oben und unten, ist das Bild abgeschlossen — oben durch ein Zeltdach, welches die Lichtöffnung verdeckt, unten durch einen plastischen Vordergrund, welcher das Bild fortsetzt bis zu dem erhöhten Podium, in welchem sich die Zugangstreppe befindet. Das Auge des Beschauers ist vom Bilde so weit entfernt (mindestens 5 Meter), daß durch das Sehen mit beiden Augen die dargestellten Gegenstände nicht zu körperlos erscheinen; senkrechte gerade Linien bleiben auch auf der Bildfläche geradlinig. *Das Panorama.*

Man denke sich durch das Auge eine horizontale Ebene gelegt; sie wird den vorgehaltenen Rahmen (die Bildfläche) in einer horizontalen Linie schneiden; diese Linie heißt der Horizont. Da sich nur e i n e horizontale Ebene durch das Auge legen läßt, *Der Horizont.*

Schuster, Das perspektivische Sehen.　　　　　2

kann ein Bild auch nur e i n e n Horizont haben. Er wird um so tiefer auf dem Bilde in dem Ausschnitt liegen, je höher man den Rahmen hebt und um so höher, je tiefer man den Rahmen senkt. Wenn man den Rahmen vorschriftsmäßig hält, also weder zu hoch noch zu tief, so wird der Horizont immer in das Bild selbst fallen, nicht darunter und nicht darüber. Zeichnungen, bei welchen weniger eine künstlerische Wirkung, sondern mehr eine genaue Darstellung von Gegenständen erstrebt wird, werden mitunter nur herstellbar sein, wenn man den Horizont außerhalb des Bildes legt. Bei einer sogenannten Vogelperspektive, bei welcher es sich um die Abbildung von Gebäuden handelt, die nur von oben herab gesehen sich nicht mehr zu stark verdecken, wird der Horizont häufig über den oberen Bildrand zu liegen kommen. Der Architekt wird unter Umständen einen Bauteil gerne so darstellen, wie er ihn von unten sieht; der Horizont wird dann tief unter dem gezeichneten Gegenstand liegen. Solche Darstellungen werden indessen immer Sache des Fachmannes bleiben. Zeichnet man eine Detailstudie zu einem Bilde, etwa einen Schemel, der im Bilde unten auf dem Boden steht und nur einen kleinen Teil des Ganzen ausmacht, so muß man für das Detailblatt selbstverständlich den Horizont des Bildes wählen, ihn also entsprechend hoch über dem Schemel annehmen. Die Distanz muß ebenfalls dem ganzen Bilde entsprechen, wird also für das Detailblatt sehr groß ausfallen. Steht der Schemel ganz seitlich im Bilde, so muß er auch entsprechend von der Seite gezeichnet werden. Ein solches Detailblatt, welches, im ganzen Bilde angebracht, richtig wirkt, wäre unter obigen Um= ständen für sich allein betrachtet ein Zerrbild infolge des zu hohen Horizonts und der zu großen seitlichen Ansicht.

Der Augenpunkt. Auf den vorschriftsmäßig aufgestellten Rahmen (die Bild= fläche) ziehen wir eine horizontale Linie durch das Auge, recht= winklig zur Bildfläche. Diese Linie liegt in der Ebene, welche wir zur Darstellung des Horizonts gelegt haben; sie schneidet den Horizont auf der Bildfläche in einem Punkt, welchen man

den Augenpunkt nennt. Derselbe liegt also auf der Bildfläche
im Horizont und ist wohl zu unterscheiden von dem davor=
liegenden Standpunkt, in welchem sich das Auge selbst befindet.
Die Entfernung zwischen dem Augenpunkt und dem Standpunkt
ist die Distanz. Jedes Bild mit ebener Bildfläche hat nur
einen Augenpunkt, weil sich nur eine Linie durch das Auge
rechtwinklig zur Bildfläche ziehen läßt. Da wir den Rahmen
gerade vor uns halten, wird der Augenpunkt etwa in die Mitte
des Bildes fallen, nicht links oder rechts außerhalb desselben.
Würden wir den Rahmen schräg halten, so daß der Augenpunkt
in die Nähe des Bildrandes zu liegen käme, so müßten wir
auch das fertige Bild schräg ansehen, damit es richtig wirkt;
läge der Augenpunkt sehr weit rechts, so würde das Bild um
so fehlerhafter wirken, je weiter der Beschauer zufällig links von
der Bildmitte steht und umgekehrt.

Ist die Bildfläche eine Kugel, in deren Mittelpunkt sich
das Auge befindet, oder ein Cylinder wie beim Panorama, so
schneidet eine durch das Auge gelegte horizontale Ebene die Bild=
fläche nicht in einer geraden Linie, sondern in einem Kreis.
Jede Linie, welche wir durch das Auge nach einem Punkt dieses
Kreishorizontes ziehen, schneidet den letzteren unter einem rechten
Winkel, es sind also alle Punkte auf dem Horizont Augenpunkte
— die Kugel= und Cylinderbildfläche haben unendlich viele
Augenpunkte.

Durch den Rahmen sehen wir, daß Linien, welche in Die Flucht=
Wirklichkeit parallel laufen, sich auf der Bildfläche nicht immer punkte.
parallel abbilden. Sehr deutlich können wir diese Wahrnehmung
machen an langen Parallellinien im Freien, an den Rändern
gerader Straßen oder Kanäle, an den Schienen gerader Eisenbahn=
strecken; alle diese Linien scheinen nach einem Punkt in unend=
licher Ferne zuzulaufen. Fig. 6 zeigt den Plan eines geraden
Weges. Seine Breite bei a a wird sich auf der Bildfläche als
a' a' darstellen, weil die Sehstrahlen nach a die Bildfläche in a'
schneiden. Obgleich die Breite des Weges bei b in Wirklichkeit

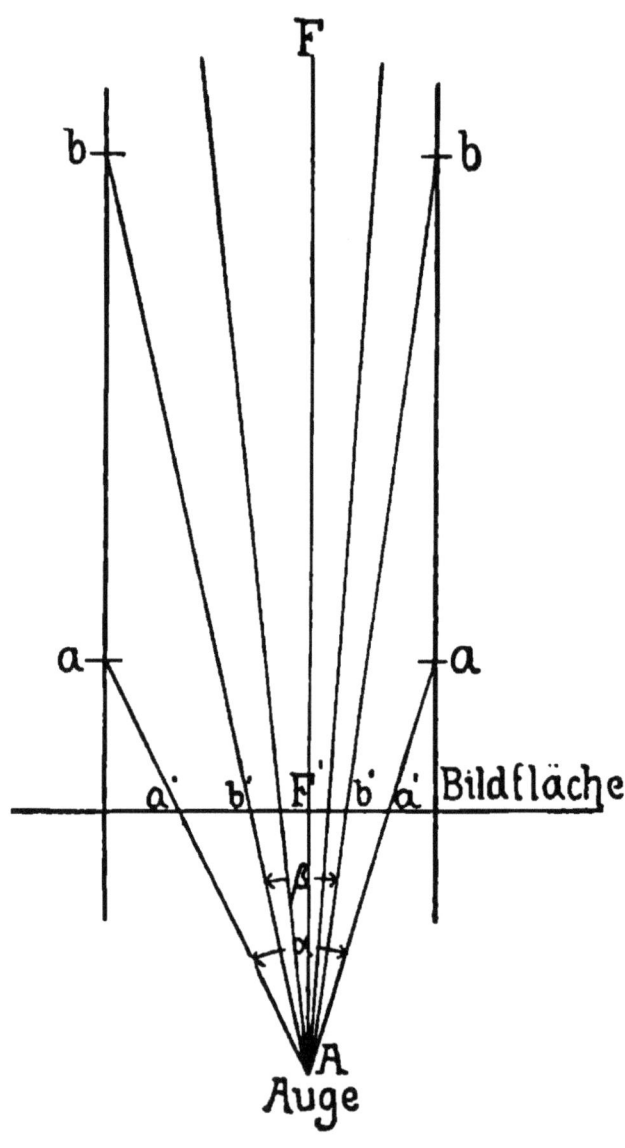

Fig. 6.

gleich groß ist wie bei a, so stellt sie sich doch kleiner dar (als b'b'), weil die Punkte b vom Auge weiter entfernt sind als die Punkte a. Das Auge sieht die Breite bei a unter dem Seh= winkel α; für b wird der Sehwinkel (β) kleiner und wird immer noch kleiner werden, je weiter draußen die Punkte liegen, nach welchen wir die Sehstrahlen ziehen. Zuletzt wird der Seh= winkel gleich 0, die beiden Sehstrahlen fallen zusammen in die Linie AF, welche durch das Auge geht und mit ab parallel ist. Den Punkt, nach welchem die Linien ab zusammen zu laufen scheinen, sehen wir in der Richtung AF; er bildet sich auf der Bildfläche ab in F'. Auf dem Bilde stellen sich also die Ränder des Weges als Linien dar, welche nach dem Punkte F', dem Fluchtpunkte zusammenlaufen. Es ist gleichgültig, ob aa groß oder klein ist, ob die Linien ab nebeneinander oder über= einander liegen, wenn sie nur parallel sind. Sämtliche Linien, welche in Wirklichkeit parallel laufen, haben einen gemeinsamen Fluchtpunkt auf der Bildfläche; um ihn zu finden denkt man sich eine Linie durch das Auge gelegt, parallel mit der Richtung der entsprechenden Linien in der Wirklichkeit; wo diese Linie die Bildfläche schneidet, liegt der Fluchtpunkt. Zielen wir über die Kante eines Lineals nach einem Punkt der Bildfläche, so ist dieser Punkt der Fluchtpunkt für alle Linien, welche mit dem Lineal parallel laufen. Da es unendlich viele parallele Linien= systeme giebt, giebt es auch unendlich viele Fluchtpunkte. Wir haben uns unter der Bildfläche selbstverständlich nicht nur den engbegrenzten Ausschnitt des Rahmens zu denken, sondern jene unendliche Ebene, in welcher der Rahmen selbst steht. Ein Flucht= punkt kann unbegrenzt weit außerhalb des Bildrandes liegen.

Aus dem Gesagten ergeben sich folgende Regeln: Alle horizontalen Linien haben ihren Fluchtpunkt auf dem Horizont, denn legen wir eine horizontale Linie durch das Auge, so liegt sie in jener Horizontalebene, deren Schnitt mit der Bildfläche den Horizont darstellt. Jenachdem eine horizontale Linie schräg auf die Bildfläche zuläuft, liegt ihr Fluchtpunkt weiter links oder rechts von der Mitte des Bildes auf dem Horizont. Geht eine horizontale Linie rechtwinklig zur Bildfläche, so liegt ihr Flucht= punkt im Augenpunkt, denn dieser wird gefunden, indem man eine Horizontale durch das Auge rechtwinklig zur Bildfläche zieht. Parallele Liniensysteme, welche vom Beschauer aus ansteigen, haben ihren Fluchtpunkt über, absteigende Linien unter dem

Fig. 7.

Horizont. Linien, welche mit der Bildfläche parallel laufen, können diese nie schneiden, also auch keine darstellbaren Flucht= punkte haben; sie laufen auch im Bilde parallel; ihre Fluchtpunkte liegen im Unendlichen.

Wir haben früher angegeben, daß der Rahmen immer senk= recht stehen solle; es geschah dies aus dem Grunde, weil sich nur auf einer senkrechten Bildfläche die vertikalen Linien des Gegenstandes wieder vertikal, also unter sich parallel abbilden. Neigen wir die Bildfläche nach vorn oder hinten, so gehen die Vertikallinien nach einem Fluchtpunkt, stellen sich also dar wie in Fig. 7. Stellen wir das Bild schräg auf, so wie der Rahmen beim Zeichnen stand, und bringen das Auge genau an den richtigen Standpunkt, so sehen wir die vertikalen Linien wieder parallel, sobald aber das Auge seine Stellung auch nur ein wenig ändert, erscheinen sie wieder gegeneinander geneigt. Stellen wir den Rahmen vorschriftsmäßig auf und bewegen das Auge seitwärts, so ändert sich das Bild, wir sehen von manchen Dingen etwas mehr, von anderen etwas weniger wie vorher, die Gegenstände scheinen eine gewisse Drehung zu machen. (Von einem rasch fahrenden Eisenbahnzuge aus sehen wir diese Drehung sehr deutlich an den Rändern der Aecker, welche rechtwinklig zur Zugrichtung liegen.) Auf dem Bilde können sich die dargestellten Gegenstände nicht in der Weise verschieben, wie sie es in Wirk-lichkeit thun würden, sie scheinen sich daher in der entgegen-gesetzten Richtung zu bewegen. Sehen wir z. B. eine Fläche so von der Seite, daß sie uns gerade noch zu einer Linie ver-kürzt erscheint, so sehen wir in Wirklichkeit bei einer Bewegung des Auges nach der entsprechenden Richtung sofort etwas mehr von dieser Fläche. Auf der Zeichnung stellt sich die Fläche immer gleich dar; wenn wir mit dem Auge zur Seite rücken, sehen wir von ihr nicht mehr als vorher, sie scheint daher eine Drehung gemacht zu haben. Wir haben also nicht mehr genau die gleichen Gegenstände vor uns, wenn wir das Bild zuerst etwas mehr von links und dann mehr von rechts betrachten. Diese Veränderung der Gegenstände ist nur bei den senkrechten Linien derselben störend, denn es ist z. B. viel gleichgültiger, wenn wir ein Haus etwas mehr oder weniger von der Seite sehen, als wenn sich die vertikalen Kanten schief darstellen. Da sich bei einer schrägen Bildfläche diese Kanten nur vertikal aus-nehmen, wenn das Auge genau im richtigen Standpunkt steht, das Bild aber für möglichst viele Standpunkte richtig wirken soll, so ist die schräge Stellung nicht geeignet, wohl aber die vertikale, bei welcher die senkrechten Linien immer senkrecht bleiben.

Sehen wir an einem hohen Gebäude aus nächster Nähe hinauf, so erscheinen uns die oberen Teile, weil entfernter, auch perspektivisch verjüngt. Auf der Zeichnung sind zwar die Breiten zwischen den senkrechten Linien nicht verjüngt dargestellt, die oberen Teile sind aber von dem Standpunkte entsprechend weiter entfernt als die unteren, wir sehen sie unter einem kleineren Sehwinkel, so daß sie uns entfernter, verjüngt, erscheinen. Ein hohes Gebäude, aus sehr kurzer Entfernung gezeichnet, würde sich als Zerrbild darstellen; die besprochene Verjüngung wäre sehr deutlich daran wahrzunehmen, sie ist aber auch auf einem Bilde mit richtiger Distanz vorhanden, nur tritt sie weniger zu Tage.

Wir stellen einen rechtwinkligen Gegenstand, z. B. eine Cigarrenkiste so vor uns auf, daß wir noch auf den Deckel der= selben sehen können und betrachten sie durch den Rahmen. Ist die Längsseite parallel mit dem Rahmen, so bilden sich ihre Kanten als horizontale, parallele Linien ab, deren Fluchtpunkt links und rechts im Unendlichen liegt, während die Kanten der Schmalseiten ihren Fluchtpunkt im Augenpunkt haben. Drehen wir die Kiste etwas seitwärts, ohne die Stellung des Rahmens zu verändern, so drehen sich zugleich entsprechend die durch das Auge parallel mit den Kistenseiten gezogenen Linien, deren Schnitte mit der Bildfläche die Fluchtpunkte darstellen. Der Fluchtpunkt im Unendlichen rückt gegen den Augenpunkt zu, während der vorher im Augenpunkt liegende Fluchtpunkt sich in der gleichen Richtung vom Augenpunkte wegbewegt. Wenn wir die Kiste so weit drehen, bis die Schmalseite parallel mit dem Rahmen läuft, so werden die Kanten der Schmalseite im Bilde parallel, während die der Längsseiten ihren Fluchtpunkt im Augenpunkt haben. Die senkrechten Kanten bleiben auch im Bilde stets parallel und senkrecht. -

Der Grundriß Fig. 8 zeigt uns in a die Kiste und in A das Auge. Wir stellen eine zweite Kiste b so auf, daß die Seiten der beiden Kisten genau parallel laufen und die Vorderkante der Kiste b in den Punkt zu liegen kommt, in welchem sich das Auge befindet. Der Horizont auf der Bildfläche (dem Rahmen) sei durch eine horizontal gespannte Schnur dargestellt. Wenn wir den Seiten der Kiste b in der Richtung der Pfeile entlang visieren, so werden wir die Fluchtpunkte in den Punkten F auf

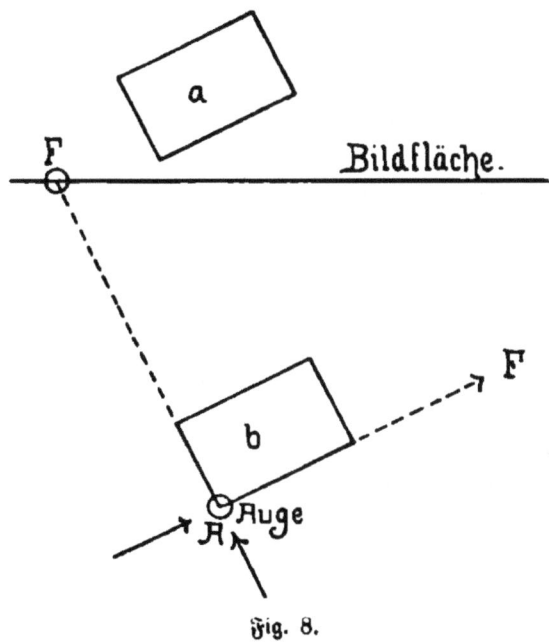

Fig. 8.

dem Horizont (der Schnur) wahrnehmen. Rücken wir mit dem Auge näher an die Bildfläche, so rücken auch die Fluchtpunkte näher zusammen, die horizontalen Kanten der Kiste erhalten auf dem Bilde dadurch eine steilere Richtung. Nehmen wir die Distanz unverhältnismäßig klein, so wirkt die allzusteile Richtung störend, wir erhalten ein Zerrbild.

Ebene
Flächen.

Wie alle parallelen Linien einen gemeinsamen Fluchtpunkt
haben, so haben alle parallelen Ebenen eine Fluchtlinie; sie wird
gefunden, indem man durch das Auge eine Ebene legt, welche
mit den Ebenen, deren Fluchtlinie man finden will, parallel ist:
die gerade Linie, in welcher sie die Bildfläche schneidet, ist die
Fluchtlinie. Die Richtigkeit dieses Verfahrens können wir uns
folgendermaßen klar machen: Alle Linien, welche wir z. B. auf
einer und derselben Horizontalebene überhaupt ziehen können,
sind Horizontallinien und haben als solche ihren Fluchtpunkt
im Horizont; es bilden sich alle unendlich fernen Punkte jener
Linien im Horizont ab, also auch alle unendlich fernen Punkte
der Ebene; der Horizont ist daher die Fluchtlinie aller horizontalen
Ebenen. Vertikale Ebenen, welche rechtwinklig zur Bildfläche
stehen, haben zur Fluchtlinie eine Senkrechte, welche durch den
Augenpunkt geht: schräge Ebenen haben ihre Fluchtlinie über
oder unter dem Horizont, in horizontaler oder schräger Richtung,
jenachdem die Parallelebene durch das Auge die Bildfläche
schneidet.

Betrachten wir wieder wie oben eine Kiste durch den
Rahmen; wir sehen, daß das Bild des Deckels um so stärker
gegen den Horizont ansteigt, je höher dieser liegt; fällt der Horizont
in die Höhe des (horizontalen) Deckels, so gewahren wir von
diesem nur noch die vordere Kante. Senken wir den Horizont
noch tiefer, so würden wir den Deckel mehr und mehr von der
Unterseite sehen, wenn er nicht durch die vordere Seitenfläche
verdeckt wäre. Wir halten den Rahmen so hoch, daß der Horizont
etwas über dem Deckel liegt und neigen die Kiste so, daß sie
nach hinten abfällt; wir bemerken dann, daß Punkte, welche
weiter nach hinten auf dem Deckel liegen, auf dem Bilde sich
über anderen, näher liegenden Punkten darstellen, obgleich die
ersteren in Wirklichkeit tiefer liegen als die letzteren: der Deckel
der schrägen Kiste bildet sich aber flacher ab als der einer zweiten,
welche wir horizontal aufstellen (Fig. 9). Neigen wir die Kiste
noch mehr, so werden wir zuletzt die Deckelfläche nicht mehr sehen

können, sie stellt sich aber bis zuletzt in der beschriebenen Weise dar. Das Zeichnen einer vom Beschauer aus abfallenden Fläche erfordert eine sehr sorgfältige Beobachtung, namentlich dann, wenn keine horizontalen Flächen mit ihr einen Kontrast bilden.

Nehmen wir an, der Zeichner befinde sich auf einer weiten **Figuren-** Ebene, etwa einer ungeheuren Eisfläche: ihre äußerste Ferne **maßstab.** stellt sich dar als eine horizontale Linie, welche mit dem Horizont zusammenfiele, wenn die Eisfläche nicht der Krümmung der Erde folgte. Diese Krümmung fällt um so mehr ins Gewicht, je höher der Standpunkt des Zeichners über jener Fläche liegt,

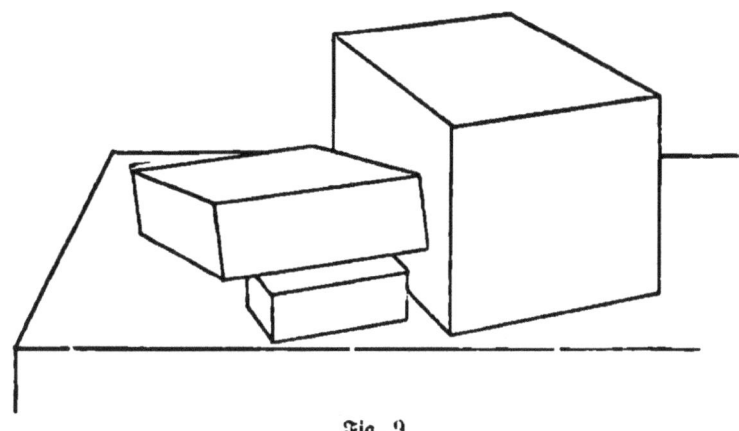

Fig. 9

macht sich aber selbst auf der Spitze eines hohen Berges noch so wenig geltend, daß sie vollständig vernachlässigt werden kann und wir sagen dürfen, der Horizont der Fläche fällt mit der Augenhöhe, dem Horizont auf der Bildfläche zusammen. Die ebene Fläche, welche wir durch das Auge legen, welche sich als Horizont auf der Bildfläche darstellt, ist in Wirklichkeit parallel mit der Eisfläche, d. h. der senkrechte Abstand der beiden Flächen von einander bleibt in Wirklichkeit gleich groß. Dieser Abstand wird auf der Bildfläche um so kleiner, je entfernter die Stelle ist, an welcher er sich darstellt: die horizontale Eisfläche steigt daher auf dem Bilde so weit an, daß ihre unendliche Ferne in Horizonthöhe zu liegen kommt. Befindet sich z. B. das Auge $1\frac{1}{2}$ Meter über der Eisfläche, so wird jeder Punkt derselben auf dem Bilde eine Entfernung von $1\frac{1}{2}$ Meter unter dem Horizont darstellen. Stellen wir auf der Eisfläche eine Anzahl Meßlatten in beliebiger Entfernung senkrecht auf, so wird sie der Horizont bei der vorhin angenommenen Augenhöhe alle in dem Teilstrich schneiden, welcher $1\frac{1}{2}$ Meter angiebt.

Befinden sich auf der Eisfläche Personen, so durchschneidet der Horizont alle in gleicher Höhe; bei unserer Annahme von

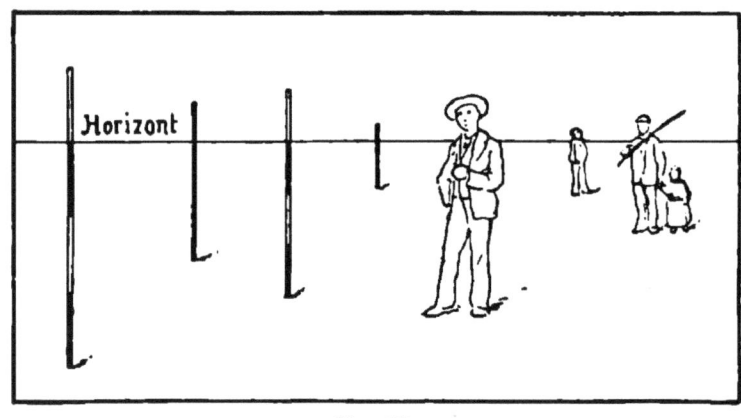

Fig. 10.

$1\frac{1}{2}$ Meter (Schulterhöhe) geht er allen mittelgroßen erwachsenen Personen durch die Schulter, es steht also jede Figur, welche wir mit der Schulter in Horizonthöhe zeichnen, auf der Eisfläche auf. Nehmen wir die Figuren aus Versehen höher an, so scheinen sie über der Fläche zu schweben, oder auf einer Erhöhung zu stehen, nehmen wir sie zu tief an, so scheinen sie sich in einer Vertiefung zu befinden. Liegt der Horizont über den Figuren, z. B. um die halbe Körperlänge über dem Scheitel, so liegt er allen gleich großen Figuren um die halbe Körperlänge über dem Scheitel. Wenn wir also in diesem Falle eine Figur auf einen

bestimmten Punkt der Fläche zeichnen wollen, so haben wir den
senkrechten Abstand des Punktes vom Horizont in 3 gleiche Teile
zu teilen; die unteren 2 Teile zusammen geben dann die Höhe
der Figur an. Es ist leicht einzusehen, wie sich ungleich große
Personen (Erwachsene und Kinder) darstellen: soll auf einen
Punkt ein Kind gezeichnet werden, so bestimmt man zunächst die
Größe eines Erwachsenen und zeichnet alsdann das Kind in entsprechender Größe zu dieser. Genauer wird man gehen, wenn
man die Höhe des Auges über der Fläche abmißt; teilt man bei
einer Horizonthöhe von beispielsweise 1 ½ Meter den Abstand
eines Punktes der Fläche vom Horizont in 15 gleiche Teile, so
stellt jeder Teil 10 Centimeter dar; man hat also für ein Kind
von 60 Centimeter Höhe 6 Teile über jenem Punkt als Körperlänge aufzutragen. Bei nicht aufrechtstehenden Figuren ist
namentlich im Vordergrunde die perspektivische Verkürzung gegen
die Tiefe des Bildes wohl zu beachten; das Höhenmaß ist
alsdann vom obersten Punkt der Figur nach dem senkrecht
darunterliegenden Punkt auf der Fläche zu nehmen und die Figur
dementsprechend einzuzeichnen.

Was von Personen gilt, gilt selbstverständlich auch von allen
Gegenständen, welche als auf der Ebene aufstehend dargestellt
werden sollen; namentlich bei Schiffen ist zu beachten, daß der
Horizont jedem gleichgroßen Schiff durch den gleichen Schiffs-
teil geht.

Zeichnen wir eine Anzahl auf einer ebenen Fläche aufrecht
stehende Personen, so wie wir sie sehen, wenn wir selbst aufrecht stehen, so liegen die Augen aller Personen unserer Größe
auf dem Bilde in einer Höhe, im Horizont: das Unschöne einer
solchen Darstellung läßt sich vermeiden, wenn wir uns etwas
höher oder tiefer aufstellen. Beim Zeichnen ganzer aufrecht-
stehender Figuren belehrt uns der Rahmen, daß wir aller-
mindestens um die einundeinhalbfache Körperlänge von der Figur
entfernt sein müssen, wenn wir ein unverzerrtes Bild erhalten
wollen.

Die angegebenen Regeln über den Figurenmaßstab gelten selbstredend nur für Figuren, welche auf einer horizontalen Ebene aufstehen; auf unebenem Boden kann die Größe einer Figur nur durch das Augenmaß bestimmt werden.

Zeichnungen in natürlicher Größe. Da sich auf dem Bilde alle Gegenstände um so kleiner darstellen, je entfernter sie sind, so können sich nie nahe und entfernte Dinge zugleich in natürlicher Größe abbilden. Alles, was in Wirklichkeit gleich groß und gleich weit von der Bildfläche entfernt ist, stellt sich auf der Zeichnung in gleicher Größe dar; haben wir daher einen Gegenstand in natürlicher Größe gezeichnet, so werden Gegenstände, welche der Bildfläche näher liegen, überlebensgroß und entferntere unter Lebensgröße ausfallen. In dem Rahmen (der Bildfläche) bilden sich die Gegenstände nur lebensgroß ab, wenn sie in ihm selbst liegen; der Rahmen muß daher für einen praktischen Versuch entsprechend groß sein, wir haben aber früher gezeigt, daß man eine Zeichnung beliebig größer als das Bild des Rahmenausschnittes herstellen, also auch dem durch einen kleinen Rahmen gesehenen Gegenstand auf dem Papier die natürliche Größe geben kann.

Gerade und schräge Ansicht. Stellen wir den Rahmen parallel zu einer Seite des zu zeichnenden Gegenstandes, so gehen auch auf dem Bilde alle Linien parallel, welche in Wirklichkeit mit der Bildfläche parallel laufen; wir erhalten auf diese Weise eine gerade Ansicht, im Gegensatz zur schrägen, bei welcher keine Linien des Gegenstandes mit der Bildfläche parallel sind. Die gerade und die schräge Ansicht können auf einem Bilde vorkommen, wenn mehrere Gegenstände dargestellt sind, welche eine entsprechende Lage zur Bildfläche haben.

Stellt man einen rechtwinkligen Gegenstand, z. B. einen Tisch, in gerader Ansicht dar, so haben die rechtwinklig zur Bildfläche laufenden Kanten ihren Fluchtpunkt, wie früher bemerkt, im Augenpunkt; dieser soll aber nicht außerhalb des Bildrandes liegen. Häufig sieht man Darstellungen rechtwinkliger

Gegenstände falsch gezeichnet wie in Fig. 11; will man die
vordere Kante in gerader Ansicht haben, so muß man den Stand=

Fig. 11.

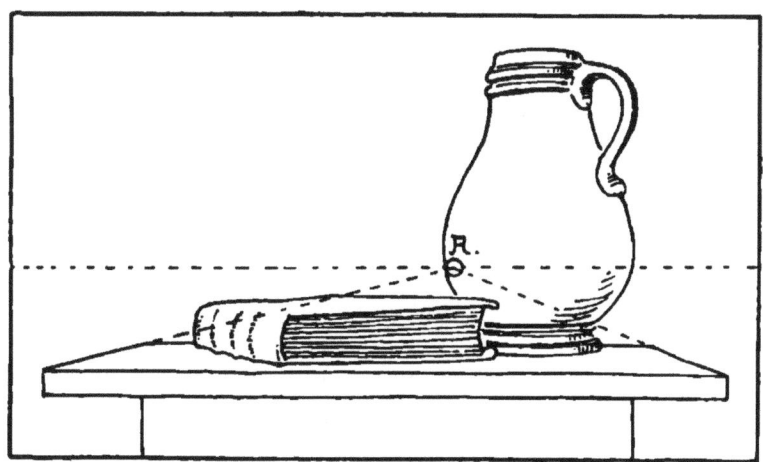

Fig. 12.

punkt mehr rechts, dem Tisch gerade gegenüber nehmen, um
diesen durch den vorschriftsmäßig aufgestellten Rahmen sehen zu

können; von diesem Standpunkt aus kann man die linke Seite nicht mehr wahrnehmen; der Tisch stellt sich dar wie in Fig. 12. Die Zeichnung in Fig. 11 wirkt nur richtig, wenn man sich links seitwärts davon aufstellt und schräg auf das Bild sieht; ein Bild soll aber von der Mitte aus gesehen, richtig wirken. Soll die Seitenfläche aus irgend einem Grunde auf der Zeichnung sichtbar werden, so ist die schräge Ansicht zu wählen (Fig. 13), welche dieser Anforderung ohne Verzeichnung genügt.

In Fig. 11 ist zugleich noch ein zweiter, häufig vorkommender Fehler dargestellt: Der Horizont liegt zu hoch, das Bild wirkt

Fig. 13.

daher nur richtig, wenn man aus der Horizonthöhe darauf herabsieht. Stellt man den Rahmen richtig auf, so wird das Auge tiefer zu liegen kommen, man wird dann nicht mehr von oben in den Krug hinein sehen können; dieser wird sich wie in Fig. 12 und 13 darstellen.

Zeichnet man einen Innenraum in gerader Ansicht und nimmt dabei den Augenpunkt genau in der Mitte des Bildes an, so stellen sich die beiden Seitenwände in gleicher Verjüngung dar; das Bild erhält eine streng symmetrische Anordnung (Fig. 14). In vielen Fällen wird man dies zu vermeiden suchen, die gerade

Anſicht aber doch nicht mit der ſchrägen vertauſchen wollen; man nimmt dann den Augenpunkt ſeitwärts von der Mitte an (Fig. 15).

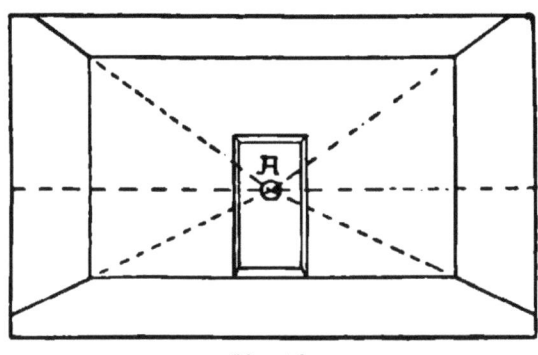

Fig. 14.

Die gerade Anſicht eignet ſich ihrer ruhigen Linien wegen hauptſächlich für Bilder, welche einen ernſten, feierlichen Eindruck machen ſollen, während die ſchräge Anſicht mehr für genreartige Bilder und maleriſche Architekturen paßt.

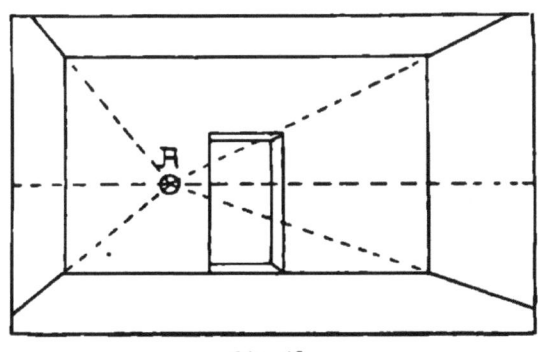

Fig. 15.

Betrachten wir einen Maßſtab durch den Rahmen, nachdem wir beide parallel zu einander aufgeſtellt haben, ſo ſtellt ſich, wie wir aus dem Plan in Fig. 16 erſehen können, der Maßſtab zwar kleiner dar, die einzelnen Teile bleiben aber unter ſich Einteilungen.

gleich lang. Ist **a b** = **b c** = **c d** u. s. w. so ist zwar a′ b′ kleiner als **a b**, aber a′ b′ = b′ c′ = c′ d′ u. s. w. Legen wir den Maßstab dicht an den Rahmen, so findet auch eine Verkleinerung im Bilde auf dem Ausschnitt nicht mehr statt. Will man in einem Bilde eine Linie, welche mit der Bildfläche parallel geht, in gleiche Teile teilen, so hat man die einzelnen Teile auf dem Bilde gleich groß aufzutragen.

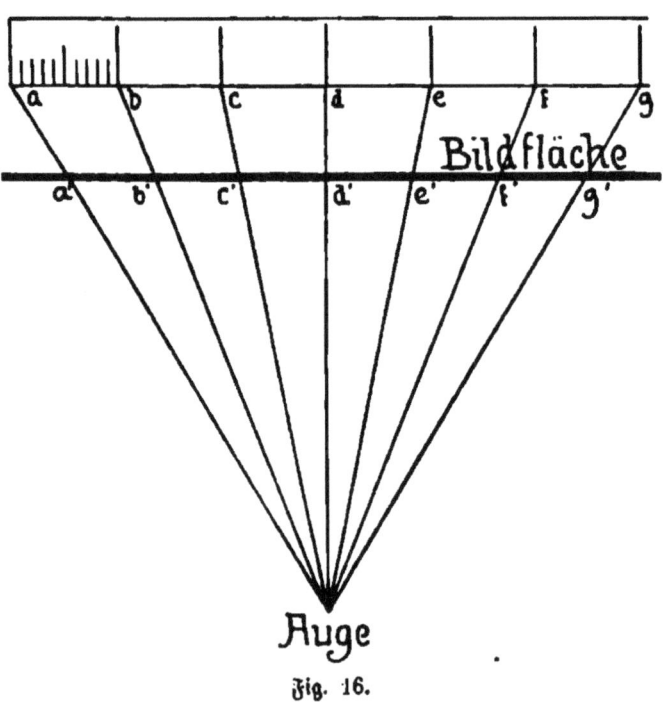

Fig. 16.

Legen wir den Maßstab horizontal, aber schräg zum Rahmen, so werden die in Wirklichkeit gleichen Maße auf dem Bilde nach der Ferne zu allmählich kleiner. In dem Plan Fig. 17 sei A B eine horizontale, zur Bildfläche schräg liegende Linie; ziehen wir durch die Punkte a, b, c, d parallele, horizontale Linien in einem beliebigen Winkel zu A B, so werden diese die Bildfläche in a′, b′, c′, d′ schneiden, und wenn a b = b c = c d ist, so ist auch a′ b′ = b′ c′ = c′ d′. Wir haben auf dem Bilde Fig. 18 die Linie A B und auf ihr eine Strecke

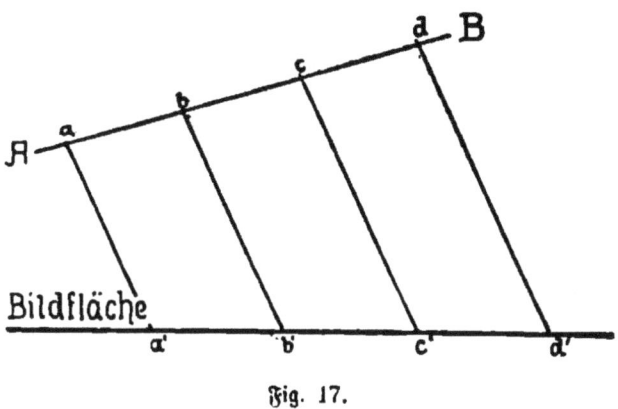

Fig. 17.

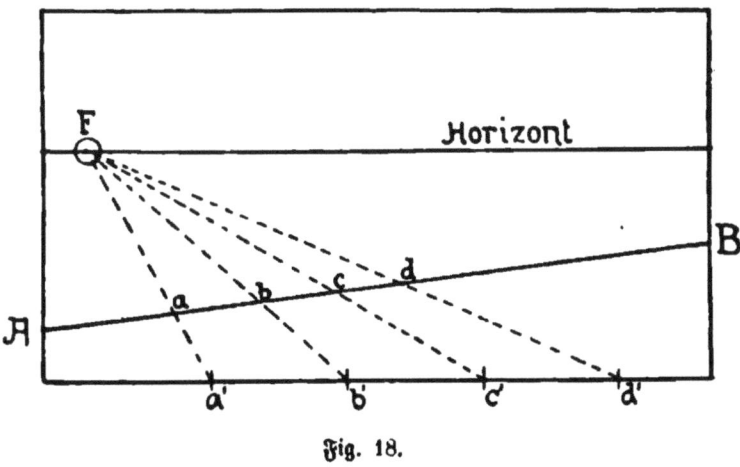

Fig. 18.

a b lediglich nach dem Augenmaß nach der Natur gezeichnet; es sollen nun noch weitere Abstände auf der Linie A B auf= getragen werden, welche in Wirklichkeit so groß sind wie a b.

3*

Wir ziehen zu diesem Zweck die in Wirklichkeit parallelen Linien a a', b b', c c', d d' perspektivisch in unser Bild. Dieselben haben als parallele horizontale Linien ihren Fluchtpunkt auf dem Horizont. Die Richtung der Linie a a' ist ganz beliebig, wir können daher den Fluchtpunkt F beliebig auf dem Horizont annehmen. Ziehen wir von F durch die Punkte a und b gerade Linien, so schneiden diese auf dem unteren Rand des Bildes die Strecke a' b' ab; tragen wir den Abstand a' b' auf der Grundlinie weiter auf, so daß a' b' = b' c' = c' d' ist und

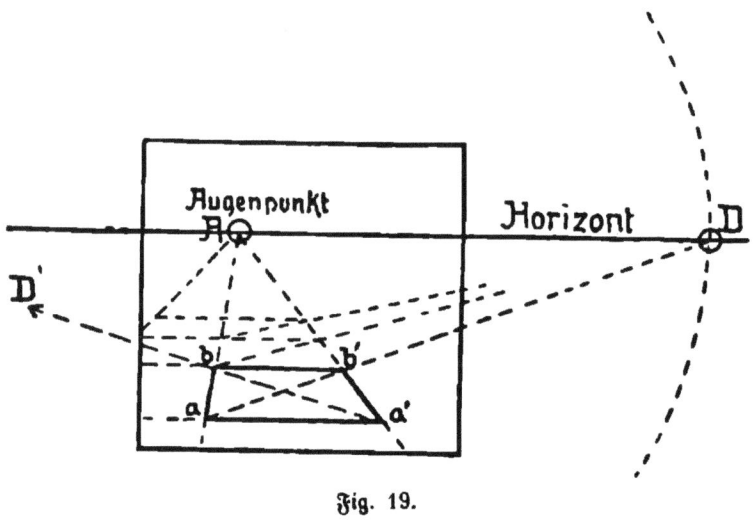

Fig. 19.

verbinden die Punkte c' und d' mit F, so erhalten wir die ge= suchte Einteilung durch die Punkte c und d. Statt der Grund= linie des Bildes kann jede andere mit dieser parallele Linie im Bilde verwendet werden. Die gleiche Methode kann auch an= gewendet werden, um eine Strecke in gleiche Teile einzuteilen. Ist z. B. die Strecke a d in 3 gleiche Teile zu teilen, so ziehen wir von dem Punkte F durch a und d die Linien F a' und F d', teilen die Strecke a' d' in 3 gleiche Teile und finden die Teilpunkte b und c, indem wir F b' und F c' mit A B schneiden.

Es soll auf einer horizontalen Fläche ein Quabrat in gerader Ansicht gezeichnet werden. Wir haben die eine Seite desselben a a' Fig. 19 nach dem Augenmaß nach der Natur gezeichnet,

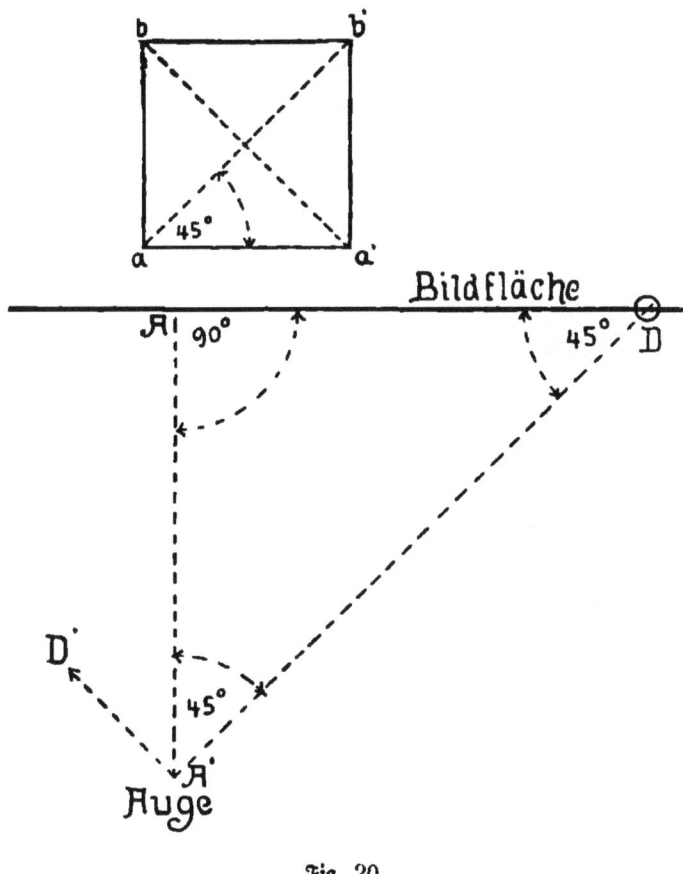

Fig. 20.

ferner aus a und a' die daranstoßenden Seiten nach dem Augenpunkt gezogen, es bleibt noch die Länge der Seite a b zu finden. Diese hängt ab von der Distanz, denn wir bemerken durch den

Rahmen, daß a b um so größer wird, je kleiner wir die Distanz nehmen. Auf dem Plane in Fig. 20 sei a a′ b b′ das zu zeichnende Quadrat, A der Augenpunkt, A′ A die Distanz; wir ziehen die Diagonale a b′ und parallel mit ihr durch das Auge die Linie A′ D: D ist auf dem Bilde der Fluchtpunkt für die Linie a b′; wo diese die Linie a′ b′ schneidet, liegt der Punkt b′, die Ecke des Quadrats. Die Diagonale a b′ bildet mit a a′ einen Winkel von 45 Grad, ebenso die Linie AA′ mit A′D, weil die entsprechenden Seiten miteinander parallel sind. Der Winkel A′ A D ist ein rechter Winkel, das Dreieck A A′ D ein gleichschenkliges rechtwinkliges Dreieck, es ist daher A D = A A′, d. h. der Punkt D liegt seitwärts vom Augenpunkt in einer Entfernung gleich der Distanz. Der Punkt D heißt der Distanz=punkt; er ist der Fluchtpunkt aller horizontalen Linien, welche mit der Bildfläche einen Winkel von 45 Grad bilden. Da sich zwei Diagonalen ziehen lassen, a b′ und a′ b, so hat jedes Bild zwei Distanzpunkte. Ziehen wir durch D und D′ einen Kreis mit A als Mittelpunkt, so erhalten wir den Distanzkreis; auf ihm liegen die Fluchtpunkte aller Linien (auch der nicht hori=zontalen), welche sich unter einem Winkel von 45 Grad auf die Bildfläche ziehen lassen. Tragen wir in Fig. 19 die Distanz von A nach D auf und verbinden a mit D, so erhalten wir durch den Schnitt mit a′ A den gesuchten Eckpunkt b′. Für eine Zeichnung nach der Natur genügt es, die Distanz ungefähr abzuschätzen; der einmal gewählte Distanzpunkt muß aber für alle etwa noch weiter zu zeichnenden, gleichliegenden Quadrate beibehalten werden. Nehmen wir die Distanz unverhältnismäßig klein, so liegen die Distanzpunkte sehr nahe am Augenpunkt; Die Diagonalen werden sehr steil, die Linie a b wird sehr lang, wir erhalten ein Zerrbild.

Ist das Quadrat in schräger Ansicht gezeichnet, oder haben wir statt eines Quadrates ein beliebiges Rechteck, dessen Diagonale mit den Seiten nicht mehr einen Winkel von 45 Grad bildet, so liegt der Fluchtpunkt der Diagonalen nicht im Distanzpunkt, sondern in einem Punkt, welcher in der mehrfach besprochenen Weise gefunden wird.

Bei der perspektivischen Zeichnung von regelmäßig wieder= kehrenden Mustern ist wohl zu beachten, daß alle Diagonalen, welche sich in Wirklichkeit parallel miteinander durch dieselben ziehen lassen, auf dem Bilde einen gemeinsamen Fluchtpunkt haben, daß daher das Bild dementsprechend gezeichnet werden muß, wenn sich auch die Diagonalen nicht direkt als Linien darstellen.

In Fig. 21 ist ein Verfahren dargestellt, um Linien nach einem außerhalb des Papiers liegenden Fluchtpunkt mit einiger

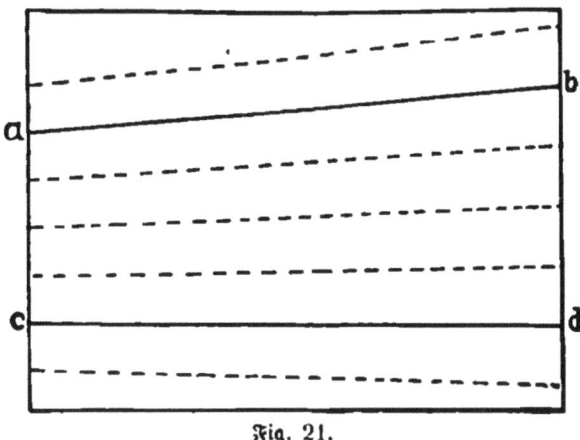

Fig. 21.

Sicherheit zu ziehen. Hat man die Lage der in Wirklichkeit parallelen Linien a b und c d nach dem Augenmaß gezeichnet, so teilt man die senkrechten Strecken a c und b d jede in die gleiche Anzahl gleicher Teile, trägt diese, wenn nötig, auch noch weiter nach oben und unten auf und verbindet die entsprechenden Punkte durch Hilfslinien. Da diese alle nach dem Fluchtpunkt gerichtet sind, so geben sie gewissermaßen ein Linienblatt für alle mit a b und c d in Wirklichkeit parallelen Linien. Liegt der Fluchtpunkt auf dem Horizont, so bestimmt man zunächst diesen und dann eine Linie a b oder c d nach dem Augenmaß.

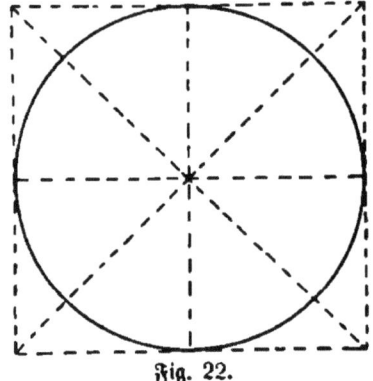

Fig. 22.

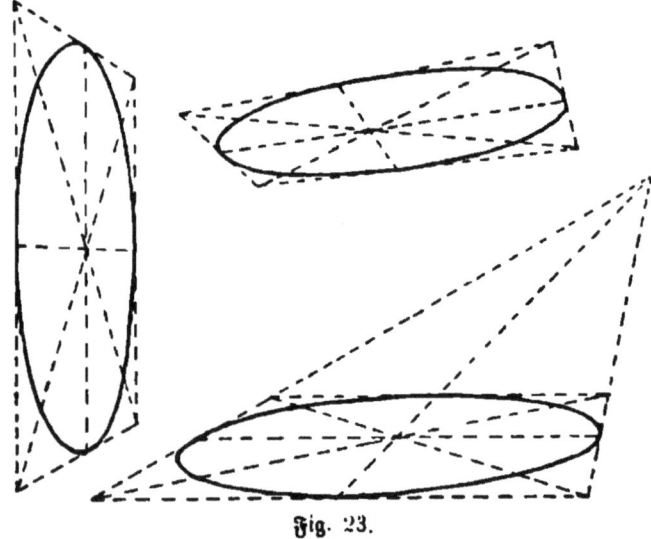

Fig. 23.

Gekrümmte Linien. Um jeden Kreis können wir ein Quadrat zeichnen, welches den Kreis in 4 Punkten berührt (Fig. 22). Es ist ohne weiteres klar, daß auch auf dem Bilde einem perspektivisch gezeichneten Kreis ein perspektivisch gezeichnetes Quadrat entsprechen muß, daß also jeder Kreis falsch gezeichnet ist, der nicht das ihm zugehörige Quadrat in der Mitte der 4 Seiten berührt. Die Mitte der perspektivisch dargestellten Quadratseiten wird gefunden, indem man die Diagonalen einzeichnet und durch ihren Schnittpunkt die mit den Seiten parallelen Hilfslinien nach dem Fluchtpunkt zieht. Wollen wir einen Kreis nach der Natur zeichnen, so zeichnen wir zunächst das umschließende Quadrat in richtiger Verkürzung, bestimmen die Mitte der Seiten und zeichnen alsdann

die Kreislinie ein (Fig. 23). Ein Quadrat stellt sich auf der
Bildfläche nur wieder als ein Quadrat dar, wenn es mit dieser
parallel läuft, es bildet sich also auch ein Kreis nur in diesem
Fall als Kreis ab, in allen anderen Fällen erhält der Kreis
eine der Ellipse ähnliche Form. Liegt ein horizontales Quadrat
in Augenhöhe, so stellt es sich ebenso wie der einbeschriebene
Kreis nur noch als eine gerade Linie dar. In der gleichen
Weise wie mit dem Kreis verfährt man mit jeder gekrümmten

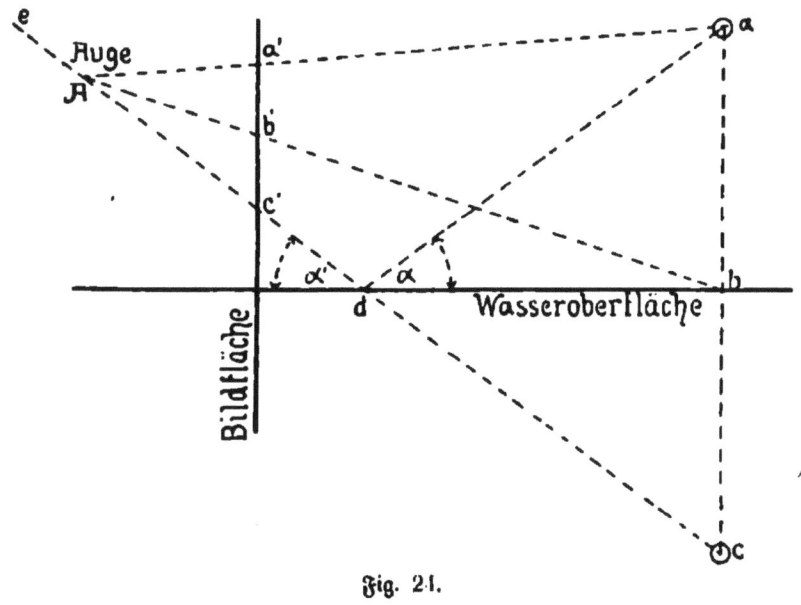

Fig. 24.

Linie; man denkt sich dieselbe in eine möglichst einfache gerad=
linige Figur eingeschlossen, zeichnet diese perspektivisch und fügt
die gekrümmten Linien entsprechend ein.

Ein Lichtstrahl, welcher von dem Punkte a in Fig. 24 Spiege=
lungen im
Wasser.
unter dem Winkel α auf die Oberfläche des Wassers nach d
fällt, wird dort zurückgeworfen und geht in der Richtung d e unter
dem gleichen Winkel α' = α weiter. Befindet sich das Auge in
irgend einem Punkte des reflektierten Strahls d e, z. B. in A,

so erblickt es das Spiegelbild des Punktes **a** in der Richtung
A d c. Stellen wir die Bildfläche senkrecht vor das Auge, so
bildet sich auf derselben der Punkt a in a', b in b', und c in c'
ab; b ist der Punkt auf der Wasserfläche senkrecht unter a. Es
läßt sich beweisen, daß a b = b c und a' b' = b' c' ist, d. h. das
Spiegelbild jedes Punktes liegt senkrecht unter dem Punkt selbst
und zwar soweit unter der Wasseroberfläche, als der Punkt
selbst darüber liegt. Wir haben angenommen, daß das Auge
sich irgendwo auf der Linie c d befindet; es ist leicht einzusehen,
daß bei einer anderen Lage des Auges auch der Punkt d seine
Lage ändert, daß aber immer b c = a b bleibt.

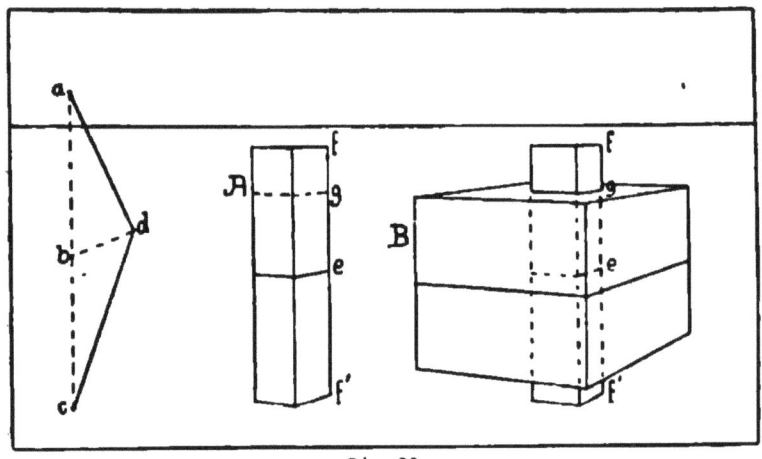

Fig. 25.

Bei senkrechten Gegenständen, welche direkt im Wasser stehen,
erwachsen für den Zeichner keine Schwierigkeiten; bei einem
schrägen Gegenstand wie z. B. der Stange in Fig. 25 ist zu
beachten, daß der Punkt b auf der Wasseroberfläche, über welchem
sich das Ende der Stange a befindet, in unserem Falle dem
Beschauer näher, also im Bilde tiefer liegt als der Punkt d.
Tragen wir die Entfernung a b abwärts nach c und zeichnen
das Spiegelbild von d nach c, so wird es länger werden als

die Stange selbst. Eine Schwierigkeit entsteht für den Zeichner dann, wenn der sich spiegelnde Gegenstand nicht unmittelbar im Wasser steht, sondern auf einem anderen Gegenstand, dessen Spiegelbild das des ersten überschneidet. Der Pfahl A in Fig. 25 steht bei e im Wasser, der Punkt f spiegelt sich in f', e f = e f': wir denken uns das obere Stück des Pfahls bei g abgeschnitten und auf einen Stein B gestellt, welcher so hoch über den Wasserspiegel ragt, daß der Punkt f wieder genau so hoch über dem Wasser liegt wie vorher; der Punkt f' bleibt dann an der gleichen Stelle, das Spiegelbild des Steines über= schneidet aber einen Teil des Spiegelbildes des Pfahlstückes und kann es sogar ganz verdecken, wenn das Pfahlstück entsprechend nieder ist. Die Spiegelung f' des Punktes f liegt stets so tief unter dem Wasser als f darüber liegt; wir haben daher den Punkt e, in welchem eine Senkrechte von f die Wasserfläche trifft, nach dem Augenmaß einzuzeichnen und e f' = e f zu machen, ohne Rücksicht auf einen zwischen dem Punkt f und dem Wasser liegenden Körper. Eine Spiegelung sieht stets so aus, als wäre der aus dem Wasser ragende Gegenstand durch die Wasserfläche abgeschnitten und an die Schnittfläche ein zweiter gleich großer Gegenstand angefügt, welcher nach unten herabhängt und bei welchem links und rechts vertauscht ist.

Wir haben bisher stillschweigend angenommen, daß die Wasserfläche durchaus eben (unbewegt) sei. Sehen wir (Fig. 26) in der Richtung A b auf die ebene Wasserfläche unter dem Winkel α, so erblicken wir das Spiegelbild derjenigen Dinge, welche sich in der Richtung b c befinden; trifft aber der Sehstrahl die schräge Wellenfläche unter dem Winkel β, so spiegeln sich die in der Richtung b d liegenden Gegenstände, es schieben sich bei Wellen= schlag die Spiegelbilder aus verschiedenen Richtungen durch= einander.

Ein Verstoß gegen die Regeln der Perspektive ist immer auch ein Verstoß gegen die Naturwahrheit, darf daher nie in auffälliger Weise und nur aus zwingenden künstlerischen Gründen

Künstlerische Freiheiten.

vorfommen. Wer die Perspektive genügend beherrscht, wird fast immer Mittel und Wege finden um seine malerischen Ab= sichten ohne fehlerhafte Darstellung zu erreichen (ein Beispiel in Fig. 11, 12 und 13). In manchen Fällen ist es wünschenswert, den Maßstab der menschlichen Figur größer oder kleiner zu nehmen, als er in Wirklichfeit ist. Denken wir uns ein Bild, auf welchem Personen unmittelbar neben mächtigen architektonischen Formen dargestellt sind, so verlieren die Figuren jede selbständige Wirkung, sie sinfen zur Staffage herab; zeichnen wir sie in einem noch kleineren Maßstab, als sie in Wirklichfeit haben, so

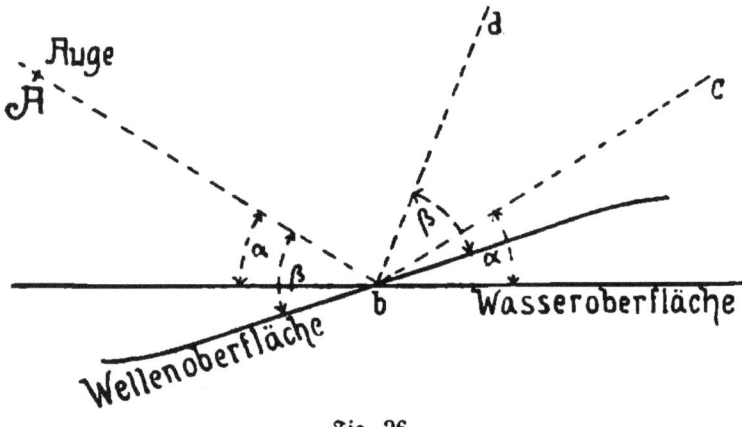

Fig. 26.

wirft die Architeftur noch größer und mächtiger als vorher. Zu diesem Mittel hat z. B. Piranesi bei der Darstellung seiner riesenhaften Bauwerfe gegriffen. Sollen dagegen die Figuren die Hauptsache im Bilde bleiben und ist es nicht thunlich, die Architektur weit entfernt im Hintergrund anzubringen, so sind für die Bauteile möglichst kleine Abmessungen zu wählen. Die Weiträumigkeit leidet darunter nicht so stark, als man glauben sollte — die Prachthallen auf Rafaels Schule von Athen und Veroneses Gastmählern erscheinen als große, prunkhafte Räume, untersucht man aber den Maßstab genauer, so ergeben sich sehr

beſcheidene Größenverhältniſſe. Paul Veroneſe hat auf ſeinem
Bild „Chriſtus bei dem Mahle des Zöllners“ den Horizont für
die oberen Teile der Architektur heruntergerückt, alſo 2 Horizonte
angenommen; die Unterſicht jener Teile wird dadurch größer, der
Raum ſelbſt erſcheint alſo höher; die nach dem Augenpunkt auf
dem untern Horizont laufenden Linien der oberen Teile ſind
aber ſehr kurz, ihre zu ſteile Richtung läßt ſich alſo nicht weit

Fig. 27.

verfolgen, in der mittleren Höhe der Architektur kommen Linien
nach einem der 2 Augenpunkte nicht vor, die ungleichartig ge=
zeichneten Teile liegen alſo ſehr weit auseinander und ſind
ſchwer miteinander zu vergleichen.

Bei der Darſtellung eines Gegenſtandes, wie z. B. des
Turmes in Fig. 27, iſt es für den Zeichner von Wert, in ein=

fachster Weise die Lage der Mittellinie (die Spitze des Daches)
zu ermitteln. Genau läßt sich diese Linie finden, indem man
den Durchschnitt des Turmes zeichnet und den Schnittpunkt
der Diagonalen angiebt: durch diesen geht die Mittellinie **a.**
Viel einfacher und ohne merklichen Fehler kann man in der
Mitte zwischen b und c den Punkt d angeben und durch ihn
die Mittellinie ziehen; sie deckt sich zwar um so weniger mit der
eigentlichen Mittellinie **a,** je weiter der Turm auf der Zeichnung
seitwärts vom Augenpunkt liegt, bei richtiger Distanz wird aber
der Fehler selbst am Rande des Bildes noch nicht auffallend.

Eine Kugel stellt sich auf dem Bilde nur als Kreis dar,
wenn ihr Mittelpunkt in den Augenpunkt fällt; in jeder anderen
Lage bildet sie sich als Ellipse ab, doch weicht auf einem Bilde
mit der vorgeschriebenen Distanz die Ellipse noch so wenig vom
Kreise ab, daß die Kugel noch als Kreis gezeichnet werden kann.

Größe der Darstellung. Für Dinge, welche möglichst naturgetreu bis in alle Einzel=
heiten dargestellt werden sollen, eignet sich am besten die natür=
liche Größe auf dem Bilde. Der Porträtmaler wird einen Kopf
am liebsten in Lebensgröße malen; Blumen und Früchte auf
Stillleben findet man häufig etwas überlebensgroß dargestellt
— da der Beschauer sie für lebensgroß hält, stellen sie selten
große und wohlentwickelte Exemplare dar. Im allgemeinen
giebt es für jedes Bild je nach dem Motiv und der Art der
Darstellung eine gewisse Größe, in welcher es am günstigsten
wirkt — sie zu ermitteln ist lediglich Sache der Erfahrung.

Täuschung über die Wirklichkeit. Streng genommen müßte uns ein gut gezeichnetes Bild
nur richtig erscheinen, wenn es senkrecht vor uns steht, ferner
wenn wir es nur mit einem Auge betrachten und das Auge
sich genau vor dem Augenpunkt in der beim Zeichnen ange=
nommenen Distanz befindet. Wenn alle diese Bedingungen zu=
treffen, kann uns ein auch im Kolorit gutes Bild den Eindruck
machen, als befänden wir uns nicht einer Nachbildung, sondern
der Natur selbst gegenüber. Eine solche Täuschung ist aber nicht
der eigentliche Zweck der Malerei, denn diese will uns nur eine

Nachbildung der Natur geben. Wir verlangen allerdings von einem Bilde, daß es der Wirklichkeit entspreche, aber wir sehen es doch immer als Bild an, d. h. verlangen von ihm nur dann die Möglichkeit einer Täuschung, wenn die oben genannten Bedingungen alle eingehalten werden. Hieraus erklärt es sich, warum wir eine Straßenansicht richtig gezeichnet finden können, auch wenn sie vor uns auf dem Tisch liegt, warum wir vor einer Vogelperspektive das Gefühl haben, auf die dargestellten Dinge herabzusehen, auch wenn das Bild zu hoch hängt.

Eine völlige Täuschung durch die Malerei wurde erstrebt mit den Deckenperspektiven des 17. und 18. Jahrhunderts. Die Bildfläche ist durch die Decke gegeben und das Bild für die Lage und Form derselben entworfen. Die richtige Distanz bleibt gewahrt, weil der Beschauer sich dem Bilde nicht ohne weiteres nähern kann, auch ist die Distanz immerhin groß genug, um die gemalten Gegenstände beim Betrachten mit beiden Augen nicht allzu unkörperlich erscheinen zu lassen. Von dem einen Standpunkt aus, für welchen das Bild entworfen wurde, ist die Täuschung möglich, sobald man sich aber an einer anderen Stelle des Raumes befindet, scheinen die Säulen und Pfeiler nicht mehr aufrecht, sondern schief zu stehen, die Bauwerke drohen herabzustürzen.

Eine völlige Täuschung erstrebt auch das Panorama. Die Malerei ist hier nicht Zweck, sondern nur ein Mittel, welches dort, wo es nicht ausreicht, durch ein anderes, die Plastik, ersetzt wird.

Die Sehstrahlen, welche von einem Körper nach dem Auge gehen, schneiden sich im Auge; je weiter dieses vom Gegenstand wegrückt, desto weniger sind die Sehstrahlen gegeneinander geneigt, destomehr nähern sie sich einer parallelen Lage zu einander. Nehmen wir das Auge in unendlich weiter Entfernung vom Gegenstande an, so gehen die Sehstrahlen mit einander parallel (Fig. 28). Eine Darstellung mit parallelen Sehstrahlen nennt man Parallelprojektion, im Gegensatz zur Centralprojektion (der

Die Parallelprojektion.

Perspektive im engeren Sinne), bei welcher das Auge im End=
lichen liegt und alle Sehstrahlen nach ihm als dem Centrum
zusammenlaufen. Die Parallelprojektion ist eine Perspektive
mit unendlich großer Distanz. Je nach der Neigung der

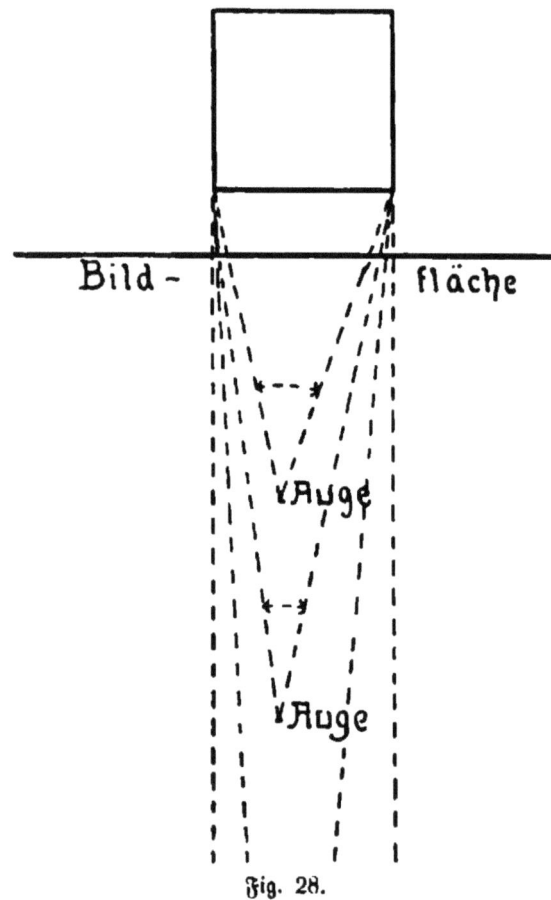

Bild - fläche

Auge

Auge

Fig. 28.

parallelen Sehstrahlen zur Bildfläche und dieser zum Gegenstand
erhält man verschiedenartige Ansichten, welche alle miteinander
gemein haben, daß sich Linien, die in Wirklichkeit mit dem Seh=

ſtrahl parallel ſind, nur als Punkte abbilden und alle anderen parallelen Linien auch auf dem Bilde parallel bleiben. Die Parallelprojektion hat nur Fluchtpunkte im Unendlichen, weder einen beſtimmten Horizont noch Augenpunkt.

Die weitaus wichtigſte dieſer Darſtellungsarten iſt die gerade Parallelprojektion, bei welcher die Sehſtrahlen rechtwinklig zur Bildfläche ſtehen, dieſe ſelbſt eine entweder ſenkrechte oder horizontale Ebene und mit derjenigen Fläche des Gegenſtandes

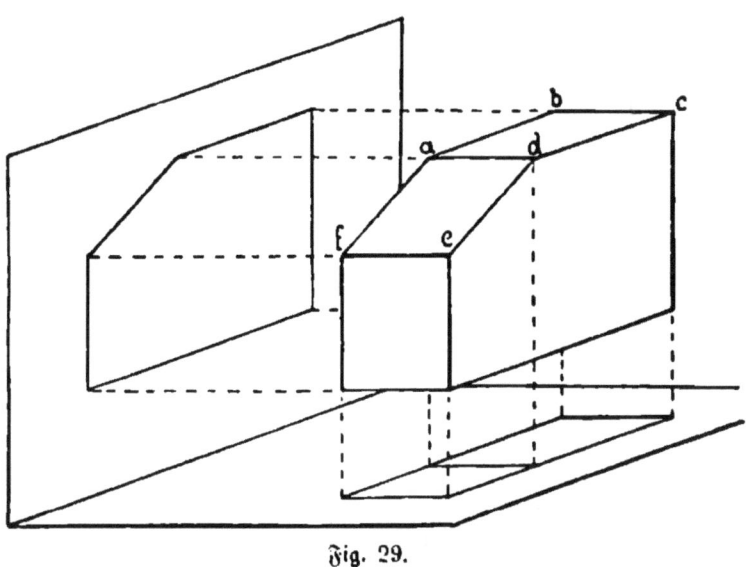

Fig. 29.

parallel iſt, welche in der Darſtellung die Hauptſache ſein ſoll. Fig. 29 zeigt, in welcher Weiſe die gerade Projektion eines Gegenſtandes auf einer vertikalen und horizontalen Ebene ſich darſtellt. Wir erhalten nach dieſer Methode 2 Anſichten des Gegenſtandes (Fig. 30). Das Bild auf der vertikalen Fläche nennt man den Aufriß, das auf der horizontalen den Grundriß. Die Fläche a b c d (Fig. 29) erſcheint im Aufriß nur als eine Linie, während ſie ſich im Grundriß ohne jede Verkürzung ab=

bildet. Die Linie a d stellt sich im Aufriß nur als Punkt, im Grundriß aber in ihrer unverkürzten Länge dar, wie alle Linien und Flächen, welche mit der Bildfläche parallel gehen. Zur erschöpfenden Darstellung eines Gegenstandes sind stets die zwei Ansichten (Grund= und Aufriß) nötig; aus dem Aufriß allein

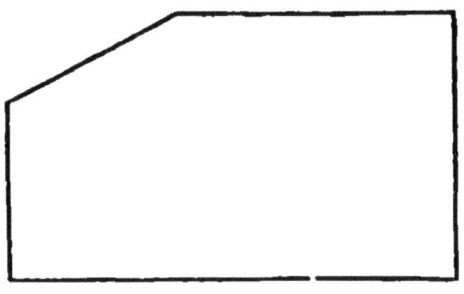

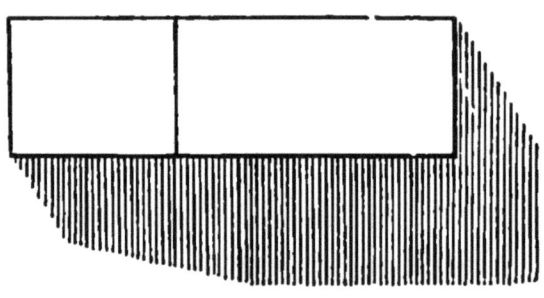

Fig. 30.

ist z. B. die Länge der Linie a d nicht zu ersehen; die Fläche a d e f erscheint im Grundriß verkürzt und im Aufriß nur als Linie, doch können wir aus ersterem die Länge von a d, aus letzterem die schräge Richtung und die wahre Länge von d e ersehen.

Die unplastische Wirkung dieser Darstellungsart kann zwar durch Angabe des Schattens etwas gemildert werden, wie im Grundriß von Fig. 30 gezeigt ist, zu einer künstlerischen Wiedergabe eines Gegenstandes eignet sich aber die gerade Parallelprojektion im allgemeinen nicht.

Eine bessere plastische Wirkung erhält man durch die schrägen Parallelprojektionen, welche eine übersichtlichere Darstellung auf e i n e r Bildfläche ergeben. In Fig. 29 sind die Bildflächen und der abzubildende Körper in schräger Projektion gezeichnet. Die Zeichnung hat eine gewisse Ähnlichkeit mit einem perspek= tivischen Bilde, unterscheidet sich aber von einem solchen dadurch, daß alle parallelen Linien auch auf der Bildfläche sich parallel abbilden; sie ist daher leichter und einfacher herzustellen als ein perspektivisches Bild. Die schräge Parallelprojektion wird vielfach angewendet zur Darstellung von Apparaten, Maschinen= teilen u. s. w. in Lehrbüchern, eignet sich aber nicht für eine rein künstlerische Darstellung, weil der Mangel einer Ver= jüngung gegen die Ferne zu das Bild nicht natürlich genug erscheinen läßt.

Der geraden Parallelprojektion sind zwar alle anderen Darstellungsarten an malerischer Wirkung der Bilder überlegen, sie hat aber vor diesen den Vorzug größerer Handlichkeit und Einfachheit. Die Figuren 5, 6, 8, 16, 17, 20, 24, 26, 28, 30 sind in gerader Parallelprojektion dargestellt. Diese Projektions= art ist wie keine andere dazu geeignet, dem Zeichner völlige Klarheit über Raumverhältnisse zu geben, sie ist die Grundlage des konstruktiven Zeichnens. Sie macht es uns möglich, aus Grund= und Aufriß eines Gegenstandes sein perspektivisches Bild zu konstruieren, indem wir nach den entsprechenden Punkten auf jenen Darstellungen Sehstrahlen einzeichnen und diese mit der Bildfläche schneiden. (Ein Grund= oder Aufriß in per= spektivischer Verkürzung gezeichnet, liefert nur ein perspektivisches Bild jener Zeichnung, nicht des Gegenstandes selbst.)

4*

Die Projektionslehre (unter dieser versteht man in erster Linie die Lehre von der geraden Parallelprojektion) hat sich zwar allmählich aus dem perspektivischen Zeichnen entwickelt, erst sie hat aber völlige Klarheit zunächst über die gerade, später die schräge Perspektive und zuletzt, in unserem Jahrhundert, über die Axonometrie (Lehre von den schrägen Parallelprojektionen) gebracht.